ज़िन्दगी...कुछ यूँ ही

ज़िन्दगी...कुछ यूँ ही

सुधाकर पाठक

वाणी प्रकाशन

वाणी प्रकाशन
4695, 21-ए, दरियागंज, नयी दिल्ली 110 002

शाखा
अशोक राजपथ, पटना 800 004

फ़ोन : +91 11 23273167 फ़ैक्स : +91 11 23275710

www.vaniprakashan.in
vaniprakashan@gmail.com

ZINDAGI...KUCHH YOON HI
by Sudhakar Pathak

ISBN : 978-93-5229-073-4
Collection of Poems

प्रथम संस्करण
मूल्य : ₹ 225

हर्ष प्रिंटर्स, दिल्ली-110 093 में मुद्रित

वाणी प्रकाशन का लोगो मक़बूल फ़िदा हुसेन की कूची से

श्रद्धेय
माता-पिता को
सादर
समर्पित।

आभार

विख्यात हास्य कवि पद्‌मश्री श्री सुरेन्द्र शर्मा जी का जिन्होंने इस काव्य-संग्रह को पढ़ा और अपनी शुभकामनाएँ प्रेषित कीं।

डॉ. प्रभा ठाकुर, माननीया सांसद सदस्य—राज्यसभा, लेखिका एवं प्रतिष्ठित कवियत्री का जिन्होंने अपने व्यस्त कार्यक्रमों में से समय निकाल कर इस काव्य-संग्रह हेतु बहुत ही समीक्षात्मक 'आमुख' लिखा।

वरिष्ठ कवि एवं लेखक डॉ. लक्ष्मीशंकर वाजपेई जी का जिन्होंने मेरी कवितायों को सुना, सराहा, काव्यगोष्ठियों में काव्यपाठ हेतु आमन्त्रित किया और इस काव्य-संग्रह के लिए भूमिका लिख कर मुझे प्रोत्साहित किया।

प्रसिद्ध कवियत्री श्रीमती ममता किरण जी का जिन्होंने मेरी रचनाओं को पढ़ा तथा उन पर अपनी बहुमूल्य सम्मति देकर मुझे प्रोत्साहित किया।

लोकप्रिय कवियत्री एवं शिक्षाविद डॉ. सीता 'सागर' जी का, जिनकी प्रेरणा, कदम-कदम पर मिले उनके सहयोग और मार्गदर्शन के बिना इस काव्य-संग्रह का प्रकाशन मेरे लिए असम्भव था।

भावों की लहरों पर काव्यमय सफ़र...

श्री सुधाकर पाठक जी के काव्य संग्रह 'ज़िन्दगी...कुछ यूँ ही' को मैंने पढ़ना प्रारम्भ किया तो एक-एक कर सारी कविताएँ पढ़ता चला गया। कविताएँ बेहद सहज, सरल और आत्मीयतापूर्ण शैली में लिखी गयी हैं। ये कविताएँ अपने आप पाठक को अपने साथ जोड़ लेती हैं। ज़िन्दगी के विभिन्न बिन्दुओं को बड़े सकारात्मक ढंग से उठाती ये कविताएँ कभी समाधान के साथ उपस्थित होती हैं तो कभी प्रश्न बनकर पाठक को चिन्तन-मनन करने को विवश करती हैं। 'कोल्हू का बैल', 'फुटबाल' तथा 'मकड़जाल' में पाठक स्वयं को तत्काल इन कवितायों के साथ जुड़ कर समाधान खोजने के लिए छटपटाने लगता है, यही इस संग्रह की सारी कविताओं की विशेषता है, सार्थकता है। वेदना, तनाव, खुशी, विसंगति, आशा-निराशा, अभाव, उमंग कवि के न होकर कविता के पढ़ने वाले के हो जायें या कविता में निहित भावों की लहरों पर तैरता हुआ पाठक कभी भँवर में डूबे, कभी शान्त होकर अथाह जल-राशि को देखकर आनन्दित होता रहे, कभी किनारे पर पहुँचकर फिर वापस लहरों के सफर पर निकल पड़े, यही कवि की लेखनी की सिद्धि है। इन कविताओं में कवि पाठक का सामान्यीकरण करने में पूरी तरह समर्थ सिद्ध हुआ है।

सभी कविताएँ रोचक हैं, प्रवाहपूर्ण हैं। जिस विषय पर भी कवि ने लेखनी उठाई है उसे गहरे तक जाकर अभिव्यक्त किया है। पूरा काव्य-संग्रह बेजोड़ है। कोई भी कविता सायास नहीं लिखी गयी है, इसलिए कहीं भी बनावटीपन और निरर्थकता नहीं है। मेरी बहुत-बहुत बधाई स्वीकारें।

–सुरेन्द्र शर्मा
(हास्य कवि)

स्वप्न और यथार्थ के बीच झूलती ज़िन्दगी...

'ज़िन्दगी...कुछ यूँ ही' की पाण्डुलिपि में ज़िन्दगी की ताबीर कुछ ऐसी है जैसे कोई अलिखित लिखी हुई इबारत! कवि श्री सुधाकर पाठक के इस कविता संग्रह की खूबी है ज़िन्दगी के साथ इसका जुड़ाव, ज़िन्दगी के बारे में इसका नजरिया, इंसानी ज़िन्दगी की कमजोरियाँ, इंसानी ज़िन्दगी की मजबूरियाँ, इंसानी ज़िन्दगी के इन्द्रधनुषी रंग, ज़िन्दगी के सपने और यथार्थ! यानी ज़िन्दगी से जुड़े वे तमाम पहलू जिनके बारे में हर इंसान कभी कुछ सोचता है, मन में महसूस करता है, और जिन्हें जीता है। ऐसे तमाम बिम्बों, चित्रों और सपनों को यथार्थ की कठोर धरती से जोड़ते हुए कवि ने इंसानी ज़िन्दगी की एक स्याह-सफेद तस्वीर इस कविता संग्रह के माध्यम से प्रस्तुत की है।

कहा जाता रहा है कि सरल लिखना बड़ा कठिन होता है। सरल भाषा में अपनी अनुभूति को वही शब्द दे पाता है जो हृदय से कवि ही होता है, केवल कवि! न किसी विधा के वाद विशेष के प्रति पूर्वाग्रह और न स्वयं को बुद्धिजीवी प्रमाणित करने का कसरती दुराग्रह! मुक्त कविता-सलिला में हृदय की उन्मुक्त जीवन-धारा का अबाध प्रवाह! उन्मुक्त गति और कड़ुए-मीठे क्षणों का आलोड़न! मन्थर गति से बहती यह काव्य-धारा कई जगह अनायास मन के ओने-कोने भिगो जाती है।

कवि की रचनाओं में ज़िन्दगी से कहीं शिकायत, कहीं समाज के दमघोंटू नियम-कायदों के प्रति तीखा विरोध, तो कभी अपने बनाये रास्ते पर चलकर जीवन-जीने की ललक, नियत किये गये रास्तों के प्रति विद्रोह और अपने मापदंडों के प्रति कवि का आत्मविश्वास कहीं-कहीं ज़िन्दगी को चुनौती देता दिखाई देता है।

"रचना चाहता हूँ स्वयं की सृष्टि
अपने पेड़-पौधे, पहाड़, नदियाँ, झरने
अपनी दिशाएँ, अपना सूरज
अपने चाँद-तारे॥"

'प्रेम की धारा' कविता में जहाँ सीमाओं को नकारती प्रेम नदी की धारा 'सागर' में समाहित होने को आतुर हो उठती है वहीं आगे चलकर गति से अलग हटकर, धीरे-धीरे प्रेम की गहराई तक उतरती शान्त और सहज होती, कहीं-कहीं सहजोबाई के शान्त सरल एवं सहज प्रेम का दर्शन कराती है, जो अनन्त की ओर प्रयाण करते हुए केवल इस जीवन भर के लिए नहीं, जन्म-जन्मों तक साथ-साथ चलने का वादा करती है।

" 'प्रेम की धारा', व्याकुल हो दौड़ पड़ती है
उद्गम से मिलन बिन्दु की ओर
जहाँ बाँह फैलाये
सदियों का इंतजार सँजोये
खड़ा होता है 'सागर'॥"

× × ×

"आशंकाओं और दुविधाओं के
अवरोधों को तोड़कर
जैसे-जैसे आगे बढ़ती है प्रेम धार
वैसे-वैसे
बढ़ती जाती है प्रेम की गहराई
शान्त, सहज होता जाता है प्रेम प्रवाह॥"

दुनिया में विभिन्न प्रकार के दिवस मनाये जाने की दिखावटी होड़ एवं सोच के प्रति धारदार व्यंग्य भी 'आत्महत्या' नामक कविता में नजर आता है जिसमें घर से द्वार तक, समाज सुधारकों से मित्रों तक, प्रशासन से सरकार तक, और जीवन रक्षक चिकित्सकों की दोहरी मार तक, सबके प्रति व्यंग्य भरा आक्रोश मुखर होता है। कितने ही पाठक इन कविताओं में अपने आप को ढूँढ़ सकेंगे, अपनी संवेदना को जगा सकेंगे और अपनी सोच को नयी दिशा दे सकेंगे।

"सब मिलकर रोको
घरवालो, पड़ोसियो
साथियो, मित्रो
समाज सुधारको
चिकित्सको
और अब तो सक्रिय है
सरकार और प्रशासन भी॥"

कवि सुधाकर पाठक जी की रचनाओं में उनके भीतर का सरल संवेदनशील कवि, जीवन की विविध त्रासदियों को झेलते हुए उन्हें सहजता से कविता के रूप में 'जस का तस' उकेरने में सफल रहा है। पढ़ते-पढ़ते कई रचनाएँ जैसे आपसे घुलमिल जाती हैं, बातें करती हैं..., सवाल करती हैं, और कहीं-कहीं मिन्नतें भी करती नजर आती हैं। 'ज़िन्दगी-2' कुछ ऐसी ही रचना है जो ज़िन्दगी जीने की तड़प लिए हुए अपनी मर्जी से जीने की मोहलत माँगती नजर आती है। इसमें कवि अपनी ज़िन्दगी से कुछ पल सुकून और चैन के साथ जीने की फरियाद करता है जो ज़िन्दगी के विवश चक्रव्यूह के कालचक्र से कुछ पलों के लिए बाहर आकर अपने सपनों का जीवन जीना चाहता है। पाठकों को इन रचनाओं में कहीं अपनी ज़िन्दगी की तस्वीर, कहीं अपने सपने, कहीं अपने मन का अहसास महसूस होगा जो अधूरी ज़िन्दगी को किसी तरह पूरा जीने की चाह लिए अपनी तलाश में खुद ही भटक रहे हैं।

"एक बार....बस एक बार
सिर्फ और सिर्फ एक बार
ए ज़िन्दगी तू मुझे
मेरी मर्जी से
जीने की मोहलत दे दे॥"

ज़िन्दगी जो कभी पतंग की तरह हवा में तैरती है, आसमान छूने लगती है, अचानक न जाने कब शुरू हो जाती है होड़, दौड़! आसमान छूने की इसी होड़ में पतंग की सहज गति न जाने कब भटक जाती है और आकाश में इतराती हुई पतंग जो भूल जाती है कि उसका जीवन इतना उन्मुक्त नहीं, कहीं किसी डोर से बँधा है। जिस डोर से उसकी उड़ान जुड़ी है, जिस डोर के बिना वह हवा में तैर नहीं सकती, उड़ान नहीं भर सकती, ज़िन्दगी की अन्धी दौड़ न जाने पतंग को कब इस सच्चाई से दूर कर देती है, फिर सहज क्रीड़ा न जाने कब युद्ध में बदल जाती है, और न जाने कब इस आपा-धापी में पतंग की डोर कहीं उलझ कर उलझती चली जाती है। वह डोर जिसको साधने वाले हाथ किसी और के थे, लेकिन पतंग को जिसका अहसास नहीं था, एक झटके से डोर कटते ही आसमान से गिरते हुए तार-तार हो जाती है पतंग, तब एहसास होता है यह उड़ान कितनी बौनी थी, कितनी क्षणभंगुर! सारा दर्प, द्वेष, दम्भ धरा का धरा रह जाता है। एक पतंग के माध्यम से जीवन के नग्न यथार्थ का बेलाग चित्रण है यह।

"पतंग टूट कर हो जाती है ओझल
अनन्त में,
शेष रह जाती है बस डोर,
उलझी-उलझी सी
बिल्कुल ज़िन्दगी की तरह॥"

ज़िन्दगी की डोर सपनों की जिस पतंग को ऊँचाई दे रही थी उसका एक सिरा तो अनदेखे विधाता के हाथ में था जिसने सदा मानव जाति को यही सन्देश दिया कि अहंकार, द्वेष, एक-दूसरे को गिराकर आगे बढ़ने की अन्धी दौड़, खींच-तान और अभिमान अन्ततः इंसान को कटी हुई पतंग के अंजाम तक ही पहुँचाते हैं, जो दूसरों की प्रगति के पैर काटना चाहते हैं, एक दिन खुद ही पतंग की भाँति कटकर असहाय धरती पर लोटते दिखाई देते हैं। ज़िन्दगी का यह सनातन सत्य पतंग के माध्यम से कवि ने कहने की कोशिश की है लेकिन साथ ही कवि का मन यह सत्य भी जानता है कि जीवन के इस 'मकड़-जाल' से निकलना कितना कठिन है। कितने प्रकार के आकर्षण, कितनी सारी मोहक वस्तुएँ, कितने तरह के जीवन के रंग और सतरंगी सपनों की सपनीली उड़ान अपने इर्द-गिर्द ऐसा मोहक जाल बुन लेती है कि एक दिन स्वयं ही उस जाल में फँस कर छटपटाते हुए स्वयं को असहाय और निरीह कीड़े जैसा महसूस करते हुए निकलने की कोशिश में हर बार अपने ही बुने जाल में उलझता चला जाता है और इसी मकड़-जाल में कसते हुए न जाने कब दम तोड़ देती है ज़िन्दगी।

"और कब घिर चुकी थी वह
अपने ही बुने जाल में,
उसे पता ही नहीं चला
अब वह फँसी है, उलझी है
छटपटा रही है,
निकलने की कोशिश में
फँसती चली जा रही है"

इस कविता संग्रह की अधिकांश रचनाएँ पाठकों को सोचने पर विवश करेंगी, विचारों को कहीं एक नयी सोच और नयी दिशा देंगी। पाठकों से बातें करतीं, संवेदना में लिपटते हुए कहीं प्रेयसी की भाँति गलबहियाँ डालती हैं, तो कहीं एक माँ की तरह डाँट कर सपनों की नींद से जगा देती हैं। अपनी अनुभूतियों के

विविध रंग पाठकों को इन कविताओं में दिखाई देंगे, जो अन्ततः उन्हें कोल्हू का बैल बनने से रोकते हुए ज़िन्दगी जीने की प्रेरणा देंगी। मनुष्य का जीवन सागर की भाँति सधा हुआ, शान्त, निर्मल और गहरे चिन्तन से परिपूर्ण, सहज रूप से गतिमान मानव का जीवन, जो प्रगति के नाम पर केवल पहिया भर नहीं, केवल घड़ी भर नहीं, केवल चाँदी का सिक्का नहीं है एक इंसान है, जो एक आम इंसान जैसा सहज जीवन जीने को लालायित है। ऐसा जीवन जिसमें ज़िन्दगी के कड़वे-मीठे घूँटों के साथ चन्द अमृत की बूँदों के लिए भी सहज चाहत है। प्रगति की चाहत है लेकिन किसी को धक्का मार कर गिरा कर आगे बढ़ने की नहीं। गति की चाहत है लेकिन मशीनी पहिये की भाँति नहीं। उड़ान की चाहत है लेकिन अहंकार और दम्भ के आकाश की नहीं।

यदि संग्रह की सारी कविताओं का सार संक्षेप में कहा जाये तो यही कहा जा सकता है कि यह मानवीय संवेदनाओं का ऐसा दर्पण है जिसमें हर कोई अपनी ज़िन्दगी को देख सकता है, पढ़ सकता है और उससे बहुत कुछ सीख-सबक ले सकता है। श्री पाठक का यह कविता संग्रह अधिक सुधी पाठकों तक पहुँचे और उन्हें अपने अन्तस की सुधा से आप्लावित करे यही शुभेच्छा है। प्रस्तावना लिखना तो मुझे आता नहीं क्योंकि मैं न तो विद्वान हूँ, न बुद्धिजीवी और न कोई प्रखर आलोचक। मैं तो स्वयं एक कवि हूँ, लेखिका हूँ, हृदय की सुनती हूँ, हृदय से लिखती हूँ और हृदय से सोचती हूँ। इन कविताओं को पढ़ने वाले पाठकों के साथ ही बुद्धिजीवी आलोचकों से भी मेरा यही कहना है जैसा कि मशहूर शायर ग़ालिब ने एक शेर में कहा है :

"अच्छा है दिल के पास रहे पास बान-ए-अक्ल
लेकिन कभी-कभी इसे तन्हा भी छोड़ दो॥"

इसी आग्रह के साथ आशा करती हूँ कि काव्य रसिक, इन कविताओं से अपने आप को जोड़ेंगे और इन कविताओं में कहीं अपने आप को पायेंगे, लेकिन शर्त ये है कि केवल सुधी पाठक के भाव से ही इन कविताओं को पढ़ा जाये तो अहसास होगा ये ज़िन्दगी...बस यूँ ही नहीं है...ये ज़िन्दगी।

–डॉ. प्रभा ठाकुर
संसद सदस्य–राज्यसभा

बिम्ब-प्रतिबिम्बों में साकार होती ज़िन्दगी...

"अपने खुद के बनाये रास्ते पर
चलना चाहता हूँ
खुद के बनाये मानदंडों पर
खरा उतरना चाहता हूँ
जीना चाहता हूँ अपने
जीवन को भरपूर
जहाँ मेरा जीवन मेरा हो
सिर्फ मेरा....."

कवि सुधाकर पाठक अपनी कविता 'मेरा जीवन' में जो व्यक्त करते हैं क्या हम सब भी यही नहीं चाहते? लाखों-करोड़ों लोग भी यही चाहते हैं। किन्तु क्या सचमुच ऐसा सम्भव हो पाता है.....! कवि की एक अन्य कविता 'सपनों की आहुति' के आलोक में देखें तो.....

"आसमान में झाँकते
खुली आँखों से ताकते
इन्द्रधनुषी स्वप्न कई
देखे हैं पूरी-पूरी रात जागते....
चाहा उन्हें पूरा करना
तो सम्मुख हो गये खड़े
आस की डोर थामे
अपनों के सपने....."

अब चाहे 'अपनों के सपने' पूरा करने में 'अपने सपनों' का बलिदान देना पड़ता हो या अन्य मजबूरियाँ हों...किन्तु जीवन अपनी तरह से जीना सम्भव नहीं हो पाता...।

कवि सुधाकर पाठक की लगभग सारी कविताएँ हम सब की कविताएँ हैं... लाखों-करोड़ों लोगों की कविताएँ हैं...जहाँ जीवन के अनेकानेक बिम्ब-प्रतिबिम्ब हैं, अनेक छवियाँ हैं, अनुभूतियाँ हैं...। 'ज़िन्दगी कैसी है पहेली' से उलझती और सुलझाने का प्रयास करने को जूझती कविताएँ हैं...। ये कविताएँ हमारे सामने एक ऐसा दर्पण रखती हैं जिनमें हम अपना अक्स बड़ी आसानी से देख सकते हैं। हमारे अधूरे ख़्वाब, अधूरी ख़्वाहिशें, उन्हें पूरा करने की अनवरत कशमकश, हमारी मजबूरियाँ, हमारे अभाव, बेचैनियाँ, मायूसियाँ, समाज और व्यवस्था द्वारा खड़ी की गयी अनेकानेक बाधाएँ, दीवारें, वर्जनाएँ...।

"अश्रुपूर्ण नेत्रों से
निहारता है अपना कोई
चाह कर भी पोंछ नहीं पाते
बहते आँसुओं को
तब भावनाएँ हो जाती हैं जड़
और हम.....
मर जाते हैं उसी क्षण..."

जिन्दा रहते हुए भी इस तरह 'मृत्यु' के पल जीने की त्रासदी के प्रति यदि हम संवेदनशील हैं, सही मायने में इंसान हैं तो कई-कई बार भुगतते हैं...। कवि की 'आत्महत्या' कविता भी एक अत्यन्त गम्भीर प्रश्न करती है कि...

"जब जीना चाहा
तो सब मार देना चाहते थे
भूख से
प्यास से
नकली दवाइयों से
तंगहाल जीवन से
प्रशासन की निकम्मी नीतियों से
समाज के दोगले चरित्र
और दोहरे रिश्तों से
पर अब
चाहते हैं जिन्दा रहें
घुट-घुट कर मरने के लिए..."

इसी तरह रोज़मर्रा के जीवन में साथ-साथ चलने वाले अनेक अनजाने 'डर' भी

कवि की लेखनी का विषय बने हैं–

"एक डर
कुछ अनहोनी होने जैसा
हमेशा चलता रहता है, मेरे साथ
अनचाहा हमसफर बनकर
रोज सुबह उठ जाता है
मेरे उठने के साथ..."

किन्तु कवि तमाम बाधाओं, चुनौतियों के बीच निराश नहीं होता है–

"मन के तहखाने के किसी कोने में
छुपा है एक अटूट विश्वास
इसलिए जब जब निराशा के
दल-दल में गहरे धँसता हूँ
तो ये मुझे आस बँधाता है
कि छँटेगा एक न एक दिन
ये डर का अँधेरा..."

कवि ने जीवन से जुड़ी अनेक अनुभूतियों के चित्रण के लिए बिम्बों का अनूठा प्रयोग किया है और इनमें कवि अत्यन्त बारीकी से संकेतों के माध्यम से अपनी बात कहने में सफल होता है। 'दरारें', 'पतंग-1', 'पतंग-2', 'मकड़जाल', आदि इसी प्रकार की कविताएँ हैं–

"ऊपर...और ऊपर
उड़ती रंग बिरंगी पतंगें
हवा में तैरती सी जैसे
और अचानक...
होड़ सी शुरू हो गयी
होड़...प्रतिस्पर्धा...
ऊपर...और ऊपर जाने की
सबसे ऊपर..."

इस बिम्ब के माध्यम से आजकल की गला-काट प्रतिस्पर्धा का चित्रण अत्यन्त प्रभावशाली बन पड़ा है...। ऐसे ही अनेक बिम्ब शिल्प के स्तर पर कवि के काव्य

कौशल को प्रदर्शित करते हैं।

इस काव्य संग्रह में कुछ प्रेम कविताएँ भी महत्त्वपूर्ण हैं। इन प्रेम कविताओं में जिस प्रकार आस्था, विश्वास, समर्पण और गहरी आत्मीयता की अभिव्यक्ति की गयी है वह आज के 'आमानवीय' होते समाज के लिए मूल्यवान प्रेम कविताएँ बन जाती हैं।

प्रस्तुत कविता संग्रह की 'फुटबाल', 'कोल्हू का बैल', और 'गोधूलि' जैसी कविताएँ इस बात की गवाही देती हैं कि कवि की लेखनी 'सामाजिक', 'सांस्कृतिक' एवं 'आध्यात्मिक' चेतना से भी भरपूर सम्पन्न है।

'फुटबाल' के माध्यम से जहाँ राजनेताओं के असंख्य लुभावने वादों और सरकारों के बदलावों के छलावों के बावजूद 'आम जनता' की व्यथा कथा में कोई बदलाव न आने का मार्मिक चित्रण है वहीं 'कोल्हू का बैल' में नगरीकरण और यांत्रिकता से उपजी विडम्बनाओं तथा जीवन से बहुत कुछ 'अनमोल' के हाथ से फिसलने की पीड़ा की अभिव्यक्ति है।

निश्चित रूप से कहा जा सकता है कि श्री सुधाकर पाठक का यह कविता संग्रह पाठक के लिए एक ऐसा उपहार है जिसके माध्यम से वह अपने जीवन को गहराई से देख परख सकता है तथा बहुत कुछ उपयोगी ग्रहण भी कर सकता है। संग्रह की सार्थक, संवेदनशील एवं वर्तमान परिदृश्य में प्रासंगिक कविताओं के लिए कवि को बधाई भी देता हूँ एवं भविष्य में और अधिक संग्रहों की कामना भी करता हूँ।

–डॉ. लक्ष्मीशंकर वाजपेई

विसंगतियों में जिजीविषा जगाती कविता

श्री सुधाकर पाठक जी के काव्य-संग्रह 'ज़िन्दगी...कुछ यूँ ही' की पांडुलिपि मेरे हाथों में है और मेरी आँखें उसके शीर्षक पर जाकर बरबस अटक गयी हैं, दिल खामोश है और दिमाग बहुत कुछ सोचने को मजबूर। वास्तव में पूरी ज़िन्दगी न जाने किस गफलत में गुजर जाती है कि खबर ही नहीं होती और जब पता चलता है तब कुछ बाकी नहीं रहता। कई दिनों से पांडुलिपि उठाती हूँ, शीर्षक पढ़ती हूँ, फिर आँखें शून्य में टँग जाती हैं, सोचते-सोचते निढाल हो जाती हूँ पर कोई समाधान नहीं मिलता, सच कहूँ तो इसी पहेली का नाम ज़िन्दगी है जो उलझी रहे, उलझाती रहे, जन्म-जन्मान्तर तक, शायद चौरासी लाख योनियों तक।

अलग-अलग भाव-भूमि पर लिखी गयी ये कविताएँ ज़िन्दगी की तमाम विसंगतियों से जूझती हुई अपना रास्ता तलाशती, तराशती हुई आगे बढ़ती हैं और जिजीविषा के सोपानों पर चढ़ती हुई मंजिल की तरफ अग्रसर होती हैं—

"थकान, मायूसी, उदासी, बेचैनी से
शुरू होती है
हर रात,
पर नहीं दे पाती
ख्वाबों को मात,
पूरे होने की हसरत में,
इन्द्रधनुषी रंगों से सजे,
मेरे अधूरे ख्वाब,
बात बिन बात,
दस्तक देते रहते हैं
अचेतन मन में,
हर रात"

रिश्तों, परम्पराओं के हवनकुंड में सपनों की आहुति से शुरू होता है आत्म बलिदान

का सफर जो ताउम्र चलता रहता है। इस ठोस यथार्थ का अपनी कविताओं में बिना किसी लाग-लपेट के बड़ी मार्मिक और सहजता से कवि ने चित्रण किया है जो संवेदना को जगाता भी है और चिन्तन को विवश भी करता है। 'सपनों की आहुति' पूरी कविता इसी बेलौस और बेबाक बयानी का अनूठा दस्तावेज है–

"हर स्वप्न की अपनी-अपनी चमक
और अपनी कीमत,
हो 'अपना' या 'अपनों' का",

× × ×

"पूरा जीवन ही
अपनों के सपनों को
पूरा करने में
आहूत हो गया
और एक जीता-जागता इंसान
बस
मशीन बनकर रह गया"

इन कविताओं में सांसारिक बन्धन जिनमें ईश्वर भी शामिल है, सब जहाँ बेड़ियों में जकड़ते हैं, सूली पर चढ़ाते हैं, तिल-तिल कर मारते हैं, वहीं मुक्त होने की छटपटाहट, जूझने का जज्बा और विद्रोह की आग को भी जन्म देते हैं। 'मेरा जीवन' कविता में सब कुछ के बावजूद जूझने की एक अदम्य इच्छाशक्ति और त्रिकालजयी जिजीविषा समूची सृष्टि पर भारी पड़ती है–

"समाज, धर्म, गुरु, ईश्वर,
रिश्ते-नाते और परिवार,
सब मिले हैं विरासत में,
साथ ही मिले हैं,
उनके साथ चलने को
दम-घोंटू नियम।"

× × ×

"मेरे नियम,
मेरे कायदे, मेरे कानून,
मेरी सफलता-असफलता,
खुद की हार-जीत,

मेरे मापदंडों की कसौटी पर कसा,
सिर्फ और सिर्फ
मेरा जीवन"

दुरूह परम्पराओं, नियमों और रिश्तों के नाम पर हो रहे भावनात्मक शोषण से दिन प्रतिदिन जर्जर होकर खोखली होती संवेदनाओं का मार्मिक और सजीव सा चित्रण तो है ही साथ ही 'आत्महत्या' कविता में जहाँ 'आत्महत्या रोकथाम दिवस' को समाज, सरकार और प्रशासन मनाने में सक्रिय हैं वहीं समूची व्यवस्था व्यक्ति को जीते-जी मारने के लिए कटिबद्ध है। यह कविता विरोधाभासी स्थितियों पर करारा व्यंग्य और सार्थक आघात है—

"रोकना है सबको मिलकर
पूरी ताकत से,
पूरे तामझाम से,
समझा-बुझाकर,
डरा-धमकाकर,
क्योंकि
'झटका' नहीं
'हलाल'
करना है उसे"

अपनी जड़ों से दूर होने की छटपटाहट, तथाकथित प्रगति और विकास के खोखलेपन को कवि ने बहुत गहरे तक पैठकर अनुभूत किया है और फिर अपनी अनुभूति को पूरी ईमानदारी और सच्चाई के साथ 'कोल्हू का बैल' कविता में प्रस्तुत किया है—

"प्रगति लील गयी है
मेरी गति को,
पहले गति थी तो
प्रगति नहीं थी,
अब प्रगति है पर
गति नहीं है"

प्रेम का विषय जितना गूढ़ है उतना ही ओर-छोर विहीन भी, जिसके विषय में जो कुछ भी लिखा जाये, लगता है अभी सब कुछ अनकहा और अनलिखा ही

है लेकिन कवि की लेखनी की यह सफलता है कि वह बड़ी सहजता, सरलता और सूझ-बूझ से 'प्रेम की धारा' कविता में अपनी कोमलकान्त अभिव्यक्ति को चित्रित सा कर देता है–

"प्रारम्भ में जो धार
लगती है
तटबन्धों को तोड़ती,
सब कुछ बहा ले जाने को आतुर,
अब शान्त है
अपने प्रियतम से मिलकर"

× × ×

"कभी खत्म न होने वाला
यह सिलसिला,
चलता रहता है
सदियों-सदियों तक,
जन्मों-जन्मों तक
निर्बाध"

इसी तरह 'प्रेम का पौधा', 'प्रेम', 'तुम बनकर', 'मेरा स्वप्न', 'पूरी रात', 'हर रात', और 'उस मोड़ पर' यानी प्रेम की इन सब कविताओं में प्रेम अपनी पूरी पवित्रता, उदारता, कोमलता और समर्पण की उस पराकाष्ठा पर जाकर प्रतिष्ठित है जहाँ संसार की सारी मान्यताएँ बहुत पीछे छूट जाती हैं, अहं का नामो-निशान तक नहीं रह जाता, शेष रह जाता है सिर्फ प्रेम। जैसे–

"तुम थाम उसकी उँगली,
चल पड़ना उसके साथ,
वो ले आयेगी तुम्हें
उसी जगह
जहाँ छोड़ा था तुमने
मेरा हाथ"

देश के हालात पर भी कवि की पैनी दृष्टि है इसका स्पष्ट प्रमाण है कि सामाजिक व्यवस्था से आहत हृदय राजनीतिक स्खलन से तबाह होती स्तिथियों को देखकर पल-पल चूर-चूर हो रहा है। 'फुटबाल' कविता में व्यंग्य, चिन्ता, आशंका और

दुख सब अपनी पराकाष्ठा पर जाकर अभिव्यक्त हुए हैं–

"उसका इस्तेमाल
हो चुका है,
क्योंकि वह बनी थी
बस
इस्तेमाल के लिए,
हाँ कुछ ऐसा ही हाल तो
बनकर रह गया है
इस देश की जनता का,
कराहती, चीखती, फटेहाल
बेबस जनता
बस
इस्तेमाल के लिए।"

कुल मिलाकर अलग-अलग जमीन पर लिखी गयीं ये कविताएँ अपने दृश्य को पूरी मजबूती और तीव्रता से सम्प्रेषित करती हैं। मैं पूरी आश्वस्ति के साथ कह सकती हूँ कि यह कविता संग्रह सहृदय पाठकों को वह सब देगा जिसकी अपेक्षा उन्हें हमेशा रहती है। मेरा शत शत वन्दन इस लेखनी को और बारम्बार साधुवाद।

–डॉ. सीता 'सागर'

चन्द्रमा पर घर बनाने की तैयारी...

जिस समय में हम रह रहे हैं वो बड़ा ही मिला-जुला समय है...अच्छा भी और कठिन भी। अच्छा इस मायने में कि भूमंडलीकरण और इंटरनेट के इस दौर में जहाँ दुनिया हमारे घर के एक कमरे में रखे छोटे से बक्से जिसे हम टी.वी. और कम्प्यूटर कहते हैं उसमें या फिर हमारे हाथ में थामे मोबाइल तक सिमट आयी है...नित नयी खोजें...चन्द्रमा पर घर बनाने की तैयारी...पर कठिन इस मायने में कि तमाम तरह की चुनौतियाँ हमारे सामने हैं अपने अस्तित्व को बचाये रखने के लिए। सुबह से लेकर शाम तक एक जद्दोजहद...गाँवों और किसानों की समस्याएँ एक तरफ तो शहरी जीवन की विसंगतियाँ एक तरफ। बढ़ता अपराध, बढ़ता भ्रष्टाचार, राजनीति के अपने दाँव-पेंच। दुनिया की खबर तो हमें है पर हमारा पड़ोसीपन खत्म हो रहा है। आम आदमी का जीना पहले भी मुहाल था और आज भी। इस सारे परिवेश से जब संवेदनशील मन गुजरता है तो उसकी अभिव्यक्ति होती है लिखने में या फिर कला के किसी और माध्यम में।

श्री सुधाकर पाठक जी का संवेदनशील मन जब इस दुनियावी गणित से लहूलुहान होता है तो उसकी अभिव्यक्ति वे कविताओं में करते हैं और ये कविताएँ जब एक जगह संगृहीत होती हैं तो संग्रह होता है 'ज़िन्दगी...कुछ यूँ ही !'

आम आदमी के सुख-दुख, आशा-निराशा, गति और प्रगति के बीच का जो सफर है ये कविताएँ उस सफर की हैं, एक बानगी–

'दिन भर की मायूसी
उदासी और बेचैनी को
तकिये के नीचे दबाकर
बुनता हूँ रंगीन ख़्वाब
हर रात.....'

और इन रंगीन ख़्वाबों को बुनते हुए उसे पूरा करने के लिए 'कोल्हू का बैल' की तरह आम आदमी जुटा रहता है। छूटा हुआ गाँव आकार लेता है कंक्रीट

की एक बहुमंज़िला इमारत में, तो आत्मीय रिश्ते-नाते आकर लेते हैं औपचारिक बन्धन में, तो गाँव का सुस्वाद भोजन आकार लेता है टिमटिमाती लाइटों के बीच बिना अपनेपन की गरमाहट लिए रंगीन पन्नी में लिपटे किसी गिफ्ट में। गाँव और शहर के सफर में जो कुछ छूटता जाता है उसका बड़ा ही मार्मिक चित्रण इस कविता में देखा जा सकता है—

'अब न वह टायर है
और न ही है वो डंडा
जो ले जाये मुझे उन तक
है तो बस कार का स्टेयरिंग
जो घुमाता रहता है मुझे
गोल गोल
दफ्तर से घर
घर से दफ्तर
कोल्हू के बैल की तरह'

× × ×

'पहले मैं एक टायर
दौड़ाता था
अब मेरी कार के
चार चार टायर
खुद दौड़ते हैं
पर मेरी गति कहाँ है?
सच्चाई तो ये है
प्रगति लील गयी है
मेरी गति को'

× × ×

इसी तरह एक और कविता 'फुटबाल' के माध्यम से कवि ने आम आदमी को अपने जीवन से जूझते हुए जिन विसंगतियों का सामना करना पड़ता है उसकी अभिव्यक्ति बड़े सलीके से की है।

इस सफर में जब हम दुनिया में प्रवेश करते हैं तो बहुत कुछ अपने जन्म के साथ हमें मिलता है पर बहुत कुछ इस सफर के संघर्षों से जूझते हुए हम अर्जित करते हैं। ईश्वर ने ज़िन्दगी की पतंग उड़ा तो दी है पर डोर अपने हाथ में रखी

है। वो डोर हमारे कर्मों से कभी उलझती है तो कभी सुलझती है...और वो डोर प्रेम भी है जिसमें हम सब गुँथे रह सकते हैं। नियति हमारे लिए बहुत कुछ तय करती है पर नियति को हम अपने कर्म से बदल सकते हैं, इस सकारात्मक सोच की कविताएँ हों या प्रेम कविताएँ—'ज़िन्दगी...कुछ यूँ ही' इन दोनों के बिना नहीं हो सकती है। जीवन के तमाम झंझावातों से जूझते हुए 'ज़िन्दगी...कुछ यूँ ही' गुजरती है ये विश्वास लिए कि—

'चाहता हूँ
बनना मैं
एक
अटूट संकल्प
सुहानी सुबह
मधुर संगीत
गुलाबी उजाला
प्रकाश पुंज
और
कुन्दन'

और जब ये सब इन कविताओं में हो तो निश्चय ही ये कविताएँ पाठकों के मन के किवाड़ की साँकल न सिर्फ खटखटायेंगी बल्कि उनके मन में भी प्रवेश करेंगी...ऐसा मेरा विश्वास है।

—ममता किरण

सफ़र दर सफ़र

ज़िन्दगी में हम 'सब-कुछ' हासिल कर लेना चाहते हैं लेकिन 'सब' हासिल करने में 'कुछ' कहीं न कहीं हर बार छूट जाता है। इस 'कुछ' के तलाश की मृगतृष्णा में पूरा जीवन ही निकल जाता है और 'कुछ' कभी भी हासिल नहीं हो पाता है। जो हासिल भी होता है उसकी खुशी 'कुछ' छूट जाने के गम में छूमन्तर हो जाती है और पूरी 'ज़िन्दगी...कुछ यूँ ही' बन कर रह जाती है। ज़िन्दगी की इसी अनसुलझी पहेली को समझने-सुलझाने में मन में जो भाव आये उन्हीं को जब कागज पर उतारा तो मेरे इस प्रथम काव्य संग्रह 'ज़िन्दगी...कुछ यूँ ही' का जन्म हुआ।

ज़िन्दगी के व्यस्त लम्हों में जब अपने लिए भी वक्त नहीं होता तब भी ये मन उलझनों के बीच कभी रोता है, कभी हँसता है और कभी गुनगुनाता है। स्वयं को लाख बहानों में उलझाया, हजार जिम्मेदारियों में स्वयं को व्यस्त किया फिर भी हर बार स्वयं को तन्हा पाया। मन हमेशा हल्का होने के लिए छटपटाता रहा। मंजिल तक पहुँचने के प्रयास में इस जीवन यात्रा में मिले दोराहों, तिराहों, चौराहों, मोड़ों, पड़ावों पर यह मन अन्दाजा लगाता रहा सही-गलत का, तौलता रहा पाप-पुण्य को और तब अलग-अलग स्थितियों-परिस्थितियों में आये मनोभावों को शब्द देनें का प्रयास मात्र है यह काव्य संग्रह।

बहुत सफर तय किया, अभी खुद को तलाशना और मंजिल तक पहुँचना बाकी है, जब मंजिल मिलेगी तो विराम की सोचूँगा।

—सुधाकर पाठक

अनुक्रम

कोल्हू का बैल	35
सपनों की आहुति	40
मृत्यु	42
मेरा जीवन	44
प्रेम की धारा	47
आत्महत्या	49
अनहोनी	52
प्रेम का पौधा	55
दरारें	57
प्रेम	59
तुम बनकर	61
ज़िन्दगी-1	64
ज़िन्दगी-2	66
पतंग-1	69
पतंग-2	71
मकड़जाल	73
फुटबाल	76
मन-1	78
मन-2	81
मंज़िल	83
मेरा स्वप्न	84

पूरी रात	86
हर रात	88
चाहता हूँ बनना	90
प्यास	92
ख़्वाब	94
तस्वीर	95
कशमकश	97
मैं कौन?	99
गोधूलि	101
बस यूँ ही	103
उस मोड़ पर	106
अधूरे ख़्वाब	109

कोल्हू का बैल

गोबर से लिपे
आँगन के एक कोने में
साइकिल के बेकार पड़े टायर को
लकड़ी के छोटे डंडे के सहारे दौड़ाते
खाने की पोटली और
पानी की पुतलिया
कन्धे पर टाँगे
सरपट पहुँच जाता था
गाँव से बहुत दूर
खेत में हल जोतते
अपने पिता के पास
मिट्टी से सने हाथों को
मेरे सिर पर फिराकर
जब पिताजी स्नेह से
निहारते थे मेरी ओर
उनके आशीष और
मिट्टी की सौंधी खुशबू से
महक उठता था
मेरा तन-मन

कभी पहुँच जाता था
गाँव के बाहर
बगीचे के पीछे
खुले मैदान में

गोबर से कंडे पाथती
माँ के पास
पीछे से मेरी भों-भों की
तेज आवाज़ से
डर जाती थी माँ
बनावटी गुस्से से
घूरती थी जब वो
हँसी से लोट-पोट हो
लाड़ से लिपट जाता था
उनके आँचल से

बिना थके बिना हाँफे
दौड़ कर
टायर के सहारे ही
चढ़ जाता था
गाँव के पास के सबसे
ऊँचे टीले पर
मुग्ध होकर
निहारता था गाँव के
खपरैल से बने घरों को
बहती नदी और
खेतों की हरियाली को
फिर विजयी मुद्रा में
जोर से चिल्लाकर
खुशी से सुनता था
उस प्रतिध्वनि को

पीठ पर लदा
स्कूल का भारी बस्ता
ऊबड़-खाबड़ रास्ता
घर से स्कूल की
लम्बी दूरी

थका नहीं पाती थी
क्योंकि तब साथ
होते थे हरदम
वही पुराना टायर और डंडा
जिन्हें छिपा देता था
पास की झाड़ियों में
पर साँस अटकी रहती थी
उन्हीं में

गाँव में इक्का-दुक्का
पुलिस की जीप
आती-जाती थी जब
ललचाई नजरों से
निहारता रहता था
ओझल होने तक
सोचता था तब
ऐसा ही कोई वाहन
ले जायेगा मुझे
दूर ऊँचाइयों तक
आज कार का स्टेयरिंग
है हाथों में
जो रोज ले जाता है
मुझे दफ्तर
हाँफते हुए चढ़ता हूँ
बरामदे की सीढ़ियाँ
थका-हारा सा लिफ्ट से
पहुँचता हूँ बीसवीं मंज़िल पर
और जब
ऑफिस से बाहर निहारता हूँ
तो बहुत बेरंग और उदास
पाता हूँ इस शहर को
जोर से चिल्लाकर

सुनना चाहता हूँ प्रतिध्वनि को
पर आवाज़ गले में ही
घुट जाती है, और
प्रतिध्वनि अजन्मी ही
रह जाती है

अब बहुत याद
आने लगे हैं
खपरैल वाले घर
हरे-भरे खेत, बहती नदी
वो गाँव के पास का
ऊँचा टीला
पसीने की बूँदों से
चमकता पिता का चेहरा
बनावटी गुस्से से घूरती
माँ की आँखें
काकी के हाथों की
खट्टी-मीठी कढ़ी
चाची की बाजरे की रोटी
भाभी का सरसों का साग
फुलमतिया की मुस्कान
जहाँ रिश्ते दिनों दिन
होते जवान
पर सब कुछ कहीं खो
सा गया है

अब न वह टायर है
और न ही है वह डंडा
जो ले जाये मुझे उन तक
है तो बस कार का स्टेयरिंग
जो घुमाता रहता है मुझे
गोल-गोल

दफ्तर से घर
घर से दफ्तर
कोल्हू के बैल की तरह

पहले मैं एक टायर
दौड़ाता था
अब मेरी कार के
चार-चार टायर
खुद दौड़ते हैं
पर मेरी गति कहाँ है?
सच्चाई तो ये है
प्रगति लील गयी है
मेरी गति को
पहले गति थी तो
प्रगति नहीं थी
अब प्रगति है पर
गति नहीं है

सपनों की आहुति

आसमान में झाँकते
खुली आँखों से ताकते
इन्द्रधनुषी स्वप्न कई
देखे हैं पूरी-पूरी रात जागते

चाहा उन्हें पूरा करना
तो सम्मुख हो गये खड़े
आस की डोर थामे,
'अपनों के सपने'

हर स्वप्न की
अपनी-अपनी चमक
और अपनी कीमत
हो 'अपना' या 'अपनों का'
और फिर
शुरू हो गया
'अपने सपनों' की कीमत पर
'अपनों के सपनों' को
पूरा करने का सिलसिला

धीरे-धीरे बौने और फिर
विलुप्त होते गये,
'अपने स्वप्न',
सज गयी कर्तव्यों की वेदी
और हवनकुंड

दी गयी आहुति,
एक-एक इन्द्रधनुषी स्वप्न की,
जिन्हें पाला-पोसा था,
बड़े जतन से
धुआँ बन उड़ गयीं भावनाएँ
और न बच सकीं
कहीं कोई संवेदनाएँ

पूरा जीवन ही
'अपनों के सपनों' को
पूरा करने में
आहूत हो गया
और एक जीता-जागता इंसान,
बस
मशीन बन कर
रह गया

मृत्यु

साँसें थमते
हृदय गति रुकते ही
हो जाते हैं हम मृत
समस्त दुख-दर्द
और
चिन्ताओं से मुक्त
पर जब जीते हैं...तो
मरते हैं
एक जीवन में
कई-कई बार
याचना पूर्ण भाव
और
अश्रुपूर्ण नेत्रों से
निहारता है अपना कोई
चाह कर भी पोंछ नहीं पाते
बहते आँसुओं को
तब भावनाएँ हो जाती हैं जड़
और हम
मर जाते हैं उसी क्षण
अनेकों प्रश्न लिए
कोई दृष्टि टिकी होती है हम पर
और प्रतिउत्तर में बस
रहस्यमयी चुप्पी
छिपाये असीम वेदना

और दर्द
तब वह मौन निर्मम हो
मार डालता है हमें
उसी पल
जब मस्तिष्क होता है
हृदय से ज्यादा गतिमान
धुँधली पड़ने लगती है
रिश्तों की पहचान
अपनी परछाईं तक
होने लगती है
खुद से बेखबर
प्रेम की हर छुवन
बेअसर
नहीं उमड़ता
भावनाओं का ज्वार
तब एक-एक पल में
हम मरते हैं
कई-कई बार
याचनापूर्ण भाव और
अश्रुपूर्ण नेत्र
अनुत्तरित प्रश्न और
बेबस चुप्पी,
रिश्तों की ठंडक और
बेअसर छुवन,
हृदयघात से भी घातक ज्यादा होता है
इनका आघात

मेरा जीवन

ऐ ज़िन्दगी
तेरी मर्ज़ी से तो
बहुत जी लिए हम
अब कुछ देर मेरे पास बैठ
और मेरी बात सुन
अब तक सर झुका कर माना है
तेरा हर हुक्म, और बस
तेरे ही बताये रास्ते पर
चला हूँ हर कदम
समाज, धर्म, गुरु, ईश्वर,
रिश्ते-नाते और परिवार
सब मिले हैं विरासत में
साथ ही मिले हैं
उनके साथ चलने को
दम-घोंटू नियम
इन 'नियम-कायदों' को
उसूल बनाकर पूजा है ताउम्र
भावनाओं की आड़ में
छला भी गया हूँ बहुत बार
खुद को मिटाकर
तेरे हर इम्तिहान को
पास किया है अव्वल
और न चाहते हुए भी
तेरी शर्तों पर

जिया है पूरा जीवन
पर
अब चाहता हूँ,
अपनी दुनिया बसाना
अपनी बनायी चीजों से
अपना घर-बार सजाना
एक बन्धन मुक्त संसार
खुद की पतझर, खुद की बहार
रचना चाहता हूँ स्वयं की सृष्टि
अपने पेड़-पौधे
पहाड़, नदियाँ, झरने
लहलहाते खेत
हरे-भरे बगीचे
अपनी दिशाएँ, अपना सूरज
अपने चाँद-तारे
जहाँ विचरण कर सकूँ बेरोक-टोक
न पले कोई अन्तर्द्वन्द्व
उड़ सकूँ अपने आकाश में स्वच्छन्द
जहाँ न बन्धन हो कोई रिश्तों का
और न ही हो
नाम या पहचान का डर
और न ही हों
हर कदम पर
समाज की बेड़ियाँ और
न ही कर्तव्यों के नाम पर
अनगिनत सूलियाँ
अपने खुद के बनाये रास्ते पर
चलना चाहता हूँ
खुद के बनाये मापदंडों पर
खरा उतरना चाहता हूँ
जीना चाहता हूँ अपने
जीवन को भरपूर

जहाँ मेरा जीवन मेरा हो
सिर्फ मेरा
मेरे नियम
मेरे कायदे, मेरे कानून
मेरी सफलता-असफलता
खुद की हार-जीत
मेरे मापदंडों की कसौटी पर कसा
सिर्फ और सिर्फ,
'मेरा जीवन'

प्रेम की धारा

'प्रेम की धारा'
व्याकुल हो
दौड़ पड़ती है
उद्गम से मिलन बिन्दु की ओर
जहाँ बाँहें फैलाये
सदियों का इन्तजार सँजोये
खड़ा होता है 'सागर'
मिलन की आस में
समाने को आतुर
मिलन, पूर्णता, शान्त-चित्त
और फिर
मौन प्रेम
एक सेतु बनता है
उद्गम से
मिलन बिन्दु तक
आशंकाओं और दुविधाओं के
अवरोधों को तोड़कर
जैसे-जैसे
आगे बढ़ती है प्रेम-धार,
वैसे-वैसे,
बढ़ती जाती है प्रेम की गहराई,
शान्त, सहज होता जाता है प्रेम-प्रवाह
ऊपर से शान्त,
पर भीतर वही तेज बहाव

प्रारम्भ में जो धार लगती है
तटबन्धों को तोड़ती
सब कुछ बहा ले जाने को आतुर
अब शान्त है,
अपने प्रियतम से मिलकर
दोनों आलिंगनबद्ध होकर
बनकर एक दूजे के पूरक
चल पड़ते हैं अनन्त की ओर
कभी न खत्म होने वाला ये सिलसिला
चलता रहता है
सदियों-सदियों तक
जन्मों-जन्मों तक
निर्बाध

आत्महत्या

'आत्महत्या रोकथाम दिवस'
मनाते हैं हम,
हर वर्ष 10 सितम्बर को
आत्महत्या जुर्म है
पाप है
कायरता है
और पलायन है जीवन से
यही सिखाया गया है बचपन से
इसलिए रोको
सब मिल कर रोको
घरवालो
पड़ोसियो
साथियो, मित्रो
समाज सुधारको
चिकित्सको,
और अब तो
सक्रिय है,
सरकार और प्रशासन भी
नहीं माने और
अगर कोशिश भी की
आत्महत्या की,
तो फिर केस चलेगा अदालत में
डाल दिये जाओगे
जेल की कोठरी में

तब तक के लिए
जब तक
आत्महत्या का विचार भी
नहीं चला जाता मन से
जीने के लिए
क्या कुछ नहीं सहा?
घरवालों के ताने
पड़ोसियों का गुस्सा
मित्रों के व्यंग्य
चिकित्सकों की दुत्कार
प्रशासन की मार
समाज के ठेकेदारों की
दोगली चाल
जब जीना चाहा
तो सब मार देना चाहते थे
भूख से
प्यास से
नकली दवाइयों से
तंगहाल जीवन से
प्रशासन की निकम्मी नीतियों से
समाज के दोहरे चरित्र
और दोगले रिश्तों से
पर अब
चाहते हैं जिन्दा रहें
घुट-घुट कर मरने के लिए
सजा पूरी कहाँ हुई है अभी?
एकदम मर गया तो सजा कैसी?
'हलाल' और 'झटके' में
कुछ तो फर्क होता है भई
इसलिए रोकना है
सबको मिलकर
पूरी ताकत से

पूरे तामझाम से
समझा-बुझा कर
डरा-धमका कर
क्योंकि 'झटका' नहीं
'हलाल' करना है 'उसे'

अनहोनी

'एक डर'
कुछ अनहोनी होने जैसा
हमेशा चलता रहता है
मेरे साथ
अनचाहा हमसफर बनकर
रोज सुबह उठ जाता है
मेरे उठने के साथ
और फिर
सूरज चढ़ने के साथ
बढ़ता जाता है
इसका आकार
जाऊँ कहीं भी
करूँ कुछ भी
रहूँ कहीं भी
पर वो डर
हमसाया बनकर
मँडराता रहता है
हमेशा आस-पास
और अगर
पीछे छूट भी जाता है कभी
तो दोगुनी ताकत से
उछल कर
धम्म से चढ़कर
जकड़ लेता है

अपनी गिरफ्त में
अन्तरंग प्रेम के क्षण हों
या व्यस्तता का दौर
नितान्त अकेला होऊँ
या भीड़ से घिरा हुआ,
पर वो हर वक्त
किसी खलनायक की तरह
घूरता रहता है सामने बैठकर
और जैसे-जैसे गहराती है रात
यह साया होता जाता है और डरावना
करवटें बदलते बीत जाती है पूरी रात
और कभी तीसरे पहर
जब नींद लेना चाहती है
अपने आगोश में
महसूस होता है
कोई प्रेतात्मा की तरह
सवार है मेरी छाती पर
और घोंट रहा है मेरा गला
घबड़ाकर उठ जाता हूँ मैं
फिर पूरी-पूरी रात,
सो नहीं पाता हूँ
मेरी ढलती उम्र के
साथ-साथ
यह डर
होता जा रहा है
जवान और जवान,
पर फिर भी
मन के तहखाने के किसी कोने में
छुपा है एक अटूट विश्वास
इसलिए जब-जब निराशा के
दल-दल में गहरे धँसता हूँ,
तो ये मुझे आस बँधाता है

कि छँटेगा एक न एक दिन
ये डर का घना अँधेरा
और प्रकट होगा
गुलाबी दुशाला ओढ़े
गुनगुना अहसास सँजोये
खिला-खिला सवेरा

प्रेम का पौधा

'प्रेम का पौधा'
माँगता है ढेर सा प्यार-दुलार
पत्तियों का चुम्बन
तने का आलिंगन
पर इस प्रक्रिया मात्र से
नहीं मिल पायेगा
उसे मजबूत आधार
जब कभी बहेगी तेज हवा
आयेगा झंझावात
उसकी जड़ें
नहीं सह पायेंगी ये आघात
पौधे की अलग-अलग किस्में
प्रजातियाँ
सबकी अपनी-अपनी खुराक
खाद, पानी, हवा और धूप
रखना पड़ेगा ख़याल
बने ऐसा मिश्रण
जो करे जड़ों को मजबूत
कोई आँधी-तूफान, झंझावात
कर पायें बस
ऊपर से ही मटमैला
न हिला पायें उसकी जड़ें
और
जब वो अँगड़ाई लेकर

खोले अपने नैन
झड़ जाये मिट्टी
न रहे अशुभ का
कोई भी निशान
चमक उठे उसका चेहरा
और,
हर सबेरा बन जाये
सुप्रभात

दरारें

यूँ ही नहीं पड़तीं
दीवारों में दरारें
नहीं उड़ती रंगत
उभरती पपड़ियाँ
वर्षों की पीड़ा
दबाव और दर्द
जब नहीं सह पाता मन
तो फूट पड़ती है पीड़ा बाहर
वही दीवारें
जिन्होंने सहा होता है छत का भार,
हर मौसम की मार,
देती हैं आश्रय और
रहने वालों को पहचान
घरवालों की खुशी के लिए
सहा होता है दर्द
कभी घर सजाने के नाम पर
ठोंकी जाती हैं सीने पर कीलें
वजूद के हिस्से को काटकर
बनते हैं खिड़की,
झरोखे और द्वार
रहने वालों को देने के लिए
रोशनी और हवा
न जाने कितनी बार
कितना दर्द सहा

जब मन की टूटन
तन पर उभरती है
तो दीवारों में
दरारें पड़ती हैं
जब दरारें करतीं हैं
घर को बदरंग
अखरने लगती हैं
रहने वालों के मन को
फिर उनको झाड़-पोंछ कर
उनकी की जाती है मरम्मत
रंगा जाता है दुबारा,
भरा जाता है दरारों को
फिर दीवारें मुस्कराने का
करती हैं असफल प्रयास,
पर इस प्रक्रिया मात्र से
नहीं मिट पायेगा
उनका दर्द
और सन्ताप

प्रेम

ये सब...
अकस्मात नहीं है प्रिये!
जन्मों-जन्मों से...
युगों-युगों से...
शिथिल,
अस्त-व्यस्त
अनमना सा प्रेम
और अचानक
सितार के तार
झंकृत हो उठे
मिलन के पल
जिसने शरीर के
रोम-रोम को सम्पूर्णता दी
आत्मसात किया
चरम साक्षात्कार के
वे अनूठे सुखद क्षण
सितार...तार-तार...झंकार...
राग...संगीत...गूँज...
प्रेम और स्पर्श
केश...अधर...पलकें...बाँहें
और तुम्हारे अंग-प्रत्यंग
अब तक हैं मेरे

अहसासों में
मुझमें अन्दर तक समाया,
असीम...
अथाह...
...प्रेम...

तुम बनकर

कभी-कभी
नहीं, हमेशा ही
मेरे सोच के धरातल पर
तुम करते हो विचरण
कभी निश्चल प्रेम बन
कभी खिली-खिली सुबह
कभी उदास तन्हा शाम बन
कभी साथ का
गुनगुना अहसास बन
कभी दूरी की वेदना का दर्द बन
और कभी रिश्ते की पहचान का दंश बन

आज मन किया
मैं तुम्हें 'तुम' बन कर सोचूँ
तो पाया
प्रेम के पौधे की
पत्तियों में पीलापन
तने में खुरदुरापन
और
भरे बसन्त में भी
अनमना सा प्रेम वृक्ष
कारण...
शायद डर...
डर बिछड़ने का

डर, रिश्ते में
बढ़ती संवादहीनता का
और, आज जब मैं
तुम बन कर सोच रहा हूँ
तो पाता हूँ
कि कितने ही डर
घेरे हुए हैं मुझे
प्रेत छायायों की तरह
डर अलगाव का, बिखराव का
डर समाज का, कानून का
डर धर्म का, जाति का
डर छोटी सी उपेक्षा से
अस्तित्व पर बन आये संकट का
और भी न जाने
कैसे-कैसे डर
जो मुझे जकड़ रहे हैं
बाहर से भीतर तक
ऐसे ऐसे डर
जिन्हें शब्दों में बाँधना
नहीं है मुमकिन,
और अब मैं अपने आप में
लौट जाना चाहता हूँ
नहीं सोचना चाहता तुम बन
क्यों कि तुम बनते ही
खुलने लगता है
मेरे सामने
जैसे समूचा ब्रह्मांड।
जी हाँ...
मैं वापस लौट आना
चाहता हूँ अपने आप में

अपनी दुनिया में
पर लौटने से पहले
एक वायदा है
अब कभी नहीं कहूँगा
तुम्हारा डर है बेमानी

ज़िन्दगी-1

उस पड़ाव पर
जब...,
समझ आता है,
इससे और बेहतर
तरीके से भी तो
जिया जा सकता था इसे
तब तक मुट्ठी की
रेत की तरह
फिसल चुकी होती है ज़िन्दगी
भाग-दौड़ करके
इकट्ठे कर लिए
रिश्ते-नाते
धन-दौलत
भर लिए दोनों हाथों में
कहीं निकल न जायें
कहीं खो न जायें
जोर से भींच लिया
मुट्ठियों को
पूरा जीवन
भरे के गुमान में ही
निकल जाता है
आखिर में...
हाथ खाली ही रह जाता है
ये ऐसा सफर है

जिसमें सिर्फ चलने का
गुमान होता है
पर पहुँचते कहीं नहीं
गोल-गोल घूमते हैं
यहाँ सब...बस...
न कोई सफर
न कोई मंज़िल
मृगतृष्णा है ज़िन्दगी
बस...
...मृगतृष्णा

ज़िन्दगी-2

एक बार...,
...बस एक बार...
सिर्फ और सिर्फ
एक बार...
ऐ ज़िन्दगी तू मुझे
मेरी मर्जी से
जीने की
मोहलत दे दे
ज़िन्दगी की अलमारी
जिसमें बेतरतीब सी
ठुँसी हैं कुछ
खट्टी-मीठी यादें
उन्हें एक-एक कर
निकालूँ...सहेजूँ...
जिनमें हैं कुछ स्याह पन्ने
जो न चाह कर बन गये
हिस्सा ज़िन्दगी के
जो नींद में कान के पास
बहुत पास आकर
चीखकर
जगा देते हैं अक्सर
उन्हें अनगिनत टुकड़ों में फाड़कर,
फेंक देना चाहता हूँ
हमेशा के लिए

सोना चाहता हूँ,
कुछ घड़ी सुकून से
जीना चाहता हूँ
कुछ पल चैन के
कुछ हैं नरम-मुलायम
गुदगुदे अहसास,
कुछ हैं अधूरे ख्वाब
जो दबे पड़े हैं
सालों से
अचेतन मन में
करवटें बदलते हैं
मेरे साथ
पूरी-पूरी रात
ले रहे हैं आखिरी साँसें
जिन पर जम चुकी है
वक्त की धूल
उन्हें प्यार से निकालूँ
दुलार से पालूँ-पोसूँ
रख लूँ दिल के बहुत पास
सम्हालकर
पूरा होने के लिए
कुछ हैं बहुत प्यारे से
नरम-नाजुक अहसास
जिन्हें जिया था कभी
खुद को भुला कर
ज़िन्दगी की आपाधापी में
छूट गये हैं कहीं
मन करता है,
उन्हें ढूँढ़ लाऊँ
खूब प्यार करूँ
जी लूँ पूरा जीवन उनके साथ
गले से लग जाऊँ

कुछ हैं ऐसे लोग
जो ज़िन्दगी के लिए थे
बहुत जरूरी,
पर बिछड़ गये,
वक्त की आँधियों में
खड़े हो जाते हैं
अक्सर सामने आकर
हँसते हैं, बोलते हैं
छूने के लिए हाथ बढ़ाऊँ
तो ओझल हो जाते हैं
फिर कितना भी पुकारूँ
पर नजर नहीं आते हैं
बहुत सताते हैं
बहुत रुलाते हैं

मन करता है,
ज़िन्दगी को एक बार तो
करीने से सजाऊँ
जो जरूरी हैं ज़िन्दगी में
उन्हें कहीं से भी ढूँढ़ लाऊँ

पतंग-1

पतंग को उड़ाते,
नजर उस पर टिकाये
पूरे उन्माद में
पता ही नहीं चल पाया
कब...न जाने कब
डोर आखिरी सिरे पर
चरखी से अटक गयी
अब न
पतंग पर नियन्त्रण है
और न डोर ही बची है
और जब घबराकर
खींचते हैं जोर से
पतंग की डोर को
पतंग टूट कर
हो जाती है ओझल
अनन्त में
शेष रह जाती है बस डोर
उलझी-उलझी सी
बिल्कुल ज़िन्दगी की तरह
जिसका नहीं मिल पाता
कोई सिरा
पूरा जीवन बीत जाता है

बस सुलझाने में
फिर भी कहाँ
सुलझ पाती है ज़िन्दगी
पतंग की डोर की
तरह ही
उलझा-उलझा सा जीवन

पतंग-2

निर्मल...स्वच्छ...
नीला अम्बर
मन्द-मन्द बहती
शीतल हवा
खुशगवार मौसम की
एक मनभावन
मोहक शाम

ऊपर...और ऊपर
उड़ती रंग-बिरंगी पतंगें
हवा में तैरती सी जैसे
और अचानक...
होड़ सी शुरू हो गयी
होड़..., प्रतिस्पर्धा...
ऊपर...और ऊपर जाने की
...सबसे ऊपर
जहाँ पहुँच कर
इतराया जा सके
दूसरों को अहसास
कराया जा सके,
अपनी श्रेष्ठता
और
उनकी तुच्छता का।

अन्धी दौड़ शुरू हो चुकी थी अब
अपने अस्तित्व को बचाने
और दूसरों को मिटाने की दौड़
खेल कब युद्ध बन गया
पता ही नहीं चला,
हर तरफ शोर
तेज़ आवाज़ें
अफरा-तफरी
सबकी डोरें उलझ रही थीं
आपस में,
खींचमतान, मारकाट हर तरफ
हर पतंग एक-दूसरे को
काट देना चाहती थी
कुछ कट कर असहाय
जा रही थीं
दूर...बहुत दूर...
अनन्त में...
ओझल होतीं
धीरे-धीरे एक-एक कर
कट चुकी थीं सारी पतंगें
अब हर ओर सन्नाटा
एक मोहक शाम,
श्मशान की खामोशी में
बदल चुकी थी
और अब...
ठगा-ठगा सा मन
बैठे-बैठे सोच रहा है
यही सब कुछ तो घटता है
हमारे आसपास
हर रोज़ ज़िन्दगी में
ज़िन्दगी महज एक 'पतंग'

मकड़जाल

कल रात
बिस्तर पर लेटे,
एकटक छत पर ताकते,
मकड़ी को
उसी के बुने जाल में
फँसे देख
विचलित हो गया मन
अभी थोड़ी ही देर पहले तक
हर शिकार को
शातिराना अन्दाज़ से
झपटती थी वह
कोई चमकीली वस्तु देखते ही
दौड़ पड़ती थी उस तरफ वह
झपट लिया
लपक लिया
गटक लिया
कुछ छूट न जाये बस
बच न पाये कुछ
उसकी चौकन्नी निगाहों से
क्या फर्क पड़ता है
कोई निरीह कीड़ा है
चींटी है
मच्छर है

पर उसका तो वही
शौक भी
खेल भी
और भोजन भी
लालच बढ़ता है तो
मस्तिष्क भी कुछ
ज्यादा ही चलता है
जब उसका उस खेल से
उकता गया मन
बुनने लगी एक जाल
अब कोई नहीं बचेगा
हर वो चीज
जिसकी चाहत है उसे
उसकी अपनी होगी अब बस
देखते-देखते फँसने लगे
कई शिकार
थोड़ी देर छटपटाते
हिलते-जुलते
फिर असहाय
दम तोड़ देते
हर शिकार पर
चमक उठती थीं
उसकी आँखें
उछलती थी
फुदकती थी
मानो हर जीत पर
जश्न मनाती हो वह
जाल का आकार बढ़ता गया
और कब घिर चुकी थी वह
अपने ही बुने जाल में
उसे पता ही नहीं चला
अब वह फँसी है

उलझी है
छटपटा रही है
पर जितना निकलने
की कोशिश करती है
उतना ही फँसती
चली जा रही है
उसे छटपटाता देख
चलचित्र की भाँति
कई दृश्य घूम गये आँखों में
ऊपर दम तोड़
रही थी मकड़ी
फँसी अपने ही
बुने जाल में
और मैं बिस्तर पर पड़ा निढाल
महसूस कर रहा था
उस जाल के कसाव को
तेज...और तेज
अपने ऊपर

फुटबाल

आस-पास भीड़ है,
माहिर खिलाड़ियों की
सबके अपने-अपने लक्ष्य
अपनी-अपनी दिशा
...बस होड़ लगी है
किसकी कितनी तेज किक
उनका भविष्य जो टिका है
उस पर
हर किक पर उठता है
जोरदार शोर
बढ़ता है उन्माद
उछलते हैं दर्शक
बजती हैं सीटियाँ
जितनी तेज किक
उतनी तेज तालियाँ
इस शोर में
उन्माद में
जोश में
क्या कोई सुन पाता है
फुटबाल की कराह?
हर किक पर
उठती उसकी चीख
कोई है जो पूछे उससे

क्या है तेरा लक्ष्य?
तेरी दिशा?
नहीं.., क्योंकि
महत्त्वपूर्ण हैं
माहिर खिलाड़ी,
मैच, गोल,
फुटबाल नहीं

बस शह-मात,
हार-जीत का खेल
चल रहा है
फुटबाल की कराहों
और चीखों की
कीमत पर
मैच खत्म
जश्न शुरू
पर
जिसकी कीमत पर
हासिल की गयी जीत
कोने में फटेहाल पड़ी
कराह रही है
उसका 'इस्तेमाल'
हो चुका है
क्योंकि वह बनी थी
बस इस्तेमाल के लिए
हाँ...कुछ ऐसा ही हाल तो
बनकर रह गया है
इस देश की जनता का
कराहती...चीखती...फटेहाल
बेबस जनता
बस...
इस्तेमाल के लिए

मन-1

कल मिला मन
अकेले में...
...कुछ अनमना सा
सहमा-सहमा
टूटा-टूटा
बिखरी जुल्फें
सुर्ख आँखें
सूखे होंठ
उड़ी-उड़ी रंगत
उदास चेहरा
पूछा मैंने
क्या हाल बना
रखा है तूने?
सब कुछ तो है तेरे पास
फिर क्यों रहता है तू उदास?
क्या खो गया है तेरा?
किसकी तलाश में
रहता है तू हरदम?
तू तो महफिलों
की जान है
समाज में ऊँची
तेरी शान है
पार्टियों में ठहाके
लगाता है

और...
अकेले में क्यों
टूट सा जाता है?
तेरी कामयाबी की
हर ओर चर्चा है
ज़माना तेरी ज़िन्दादिली की
मिसाल देता है
और तू...
अकेले में पड़ा-पड़ा
रोता है
डबडबाई आँखों से उसने
मुझे ताका
ऐसा लगा
और नहीं सुन पायेगा
जरा सा छूने से ही
बिखर जायेगा
लगा जैसे कह रहा हो
समाज हो या रिश्ते
तब तक हैं अपने
जब तक
तुम हो उपयोगी
कोई किसी का पूरक नहीं
सब मुँह देखी बातें हैं
यहाँ रिश्तों में
समझौते हैं
गठबन्धन हैं
लेन-देन का
खेल है सब
पूरी ज़िन्दगी
जिन रिश्तों को
प्रेम से पालते-पोसते हैं
पंख निकलते ही

दूसरी डाल पर
जा बैठते हैं
मैं हँसता कहाँ हूँ?
मैं तो बस अपनी
झेंप मिटाता हूँ,
और
सब कुछ है मेरे पास
इसी भ्रम में
चले चला जाता हूँ
आज सब कुछ हार कर
सोचता हूँ
वह मेरे जैसे नहीं
बन पाये तो क्या?
मैं उन जैसा बन जाऊँ
इसीलिए...,
महफिलों में
उन जैसा बनने के लिए
ठहाका लगाता हूँ
और
उन जैसा नहीं
बन पाता हूँ तो
अकेले में पड़ा-पड़ा
अपनी नाकामी पर
आँसू बहाता हूँ

मन-2

'मन'
बहुत बेईमान
सुनता सबकी
करता अपनी
जानता सब
मानता कम
कोई और फँसता,
...तो हँसता
स्वयं उलझता तो
...सुबकता
दिल में कुछ
दिमाग़ में कुछ
अन्दर कुछ
बाहर कुछ
चाहत किसी की
जरूरत कोई और
जब खुद दिल तोड़े
...तो मजबूरी
कोई और करे किनारा
...तो बेवफाई
वादे तारे तोड़ लाने के
हिम्मत जुगनू
पकड़ने की भी नहीं
प्रेम की पींगें

खूब बढ़ाता
पर जरा सी ऊँचाई से ही
डर जाता
चाहत 'प्रेम सागर' के
मोतियों की
साँस घुट जाती
जरा सी गहराई में
वाह रे मन
अनोखे तेरे तर्क
कायदे
नियम
निराली तेरी
परिभाषा
वाह रे मन

मंज़िल

जानता हूँ
अन्धी दौड़ है ये
फिर भी
दौड़ रहा हूँ
जानते हुए
कहीं कोई मंज़िल नहीं
फिर भी चले जा रहा हूँ
मंज़िल केवल
कपोल कल्पना है
सत्य तो
बस पड़ाव है
फिर चलना है
चलना नियति है
इसलिए चल रहा हूँ
हर पड़ाव देता है
क्षणिक सुख
फिर वही निराशा,
किसकी पूरी हुई कब
मंज़िल पाने की आशा?
आदमी चुक जाता है
पर मंज़िल नहीं पाता है।
मंज़िल भी होती है
क्या कोई?
आज मन हारकर
ये पूछ बैठा है

मेरा स्वप्न

लिखूँ कुछ भी
सोचूँ कुछ भी
रहूँ कहीं भी
करूँ कुछ भी
पर
मेरी कल्पना
सोच
लेखन
सब के केन्द्र में
बस तुम ही
लेखन की शक्ति में
और
विचारों की अभिव्यक्ति में भी
मेरे वजूद में
झलकता है
तुम्हारा अक्स
तुम्हारा प्रेम
तुम्हारा अहसास
अब जान पाया हूँ मैं
कालिदास के
कालिदास बन पाने का मर्म
बस प्रेरणा चाहिए
कुछ करने के लिए
लिखना चाहता हूँ

वह जो
तुम्हें अच्छा लगे
अच्छा भी लगे
और
सच्चा भी लगे
दरअसल
मेरी सिद्धि भी तुम
साध्य भी तुम
राह भी तुम
और
लक्ष्य भी तुम
पर
लक्ष्य वह जो
कभी बदलता नहीं
तुम्हें सबसे ऊपर
शिखर पर देखने का
मैं जानता हूँ
नहीं होगी
मुझे निराशा
जरूर पूरा होगा
'मेरा स्वप्न'

पूरी रात

सुनसान रातों में
उदासी गहराती है जब
बेचैन होता है मन तब
दूरी की डोर पकड़,
स्वप्न ले जाते हैं
सुदूर
परियों के लोक में
प्रियतमा के देश में
जहाँ
न तम है
और न ही है सन्नाटा
न उदासी है
और न ही है बेचैनी
न विरह की वेदना है
और न समाज का डर
है तो बस
बादलों की टोलियाँ
टिमटिमाते तारों से सजा
आसमान
नदी, झील-झरने,
रंग-बिरंगे उपवन,

जहाँ
हाथों में लेकर हाथ
हम दोनों करते हैं
विचरण
'पूरी रात'

हर रात

हर रात
जब
मन होता है बेचैन
अनमना और उदास
तब...
भीनी सुगन्ध से
महक उठता है
मेरा घर
माथे पर
नाजुक छुवन से
खुल जाती है
मेरी आँख
सामने
तुम होती हो खड़ी
दुधिया चाँदनी में नहाई
लहराते घटाओं से
काले रेशमी बाल
माथे पर
बड़ी सी बिन्दी
माँग में
सिन्दूर के ऊपर
चमकता
'माँगटीका'
बड़ी-बड़ी

कजरारी आँखें
निहारती हैं मुझे
अपलक
फिर थाम कर
तुम्हारा हाथ
चल पड़ता हूँ मैं,
तुम्हारे साथ
बाहर
सतरंगी इन्द्रधनुष
के रंगों से सजी
होती है खड़ी
बादलों की डोली
फिर
उसमें बैठा कर तुम्हें
आसमान में
चमकते तारों को
एक-एक कर
उतार कर
टाँक देता हूँ
तुम्हारी चुनरी पर
तब
तुम्हारी पलकें
बन जातीं हैं घूँघट
मैं तुम्हें
निहारता रहता हूँ एकटक
तुम शर्माती सी
...लजाती सी
समा जाती हो
मेरे सीने में,
'हर रात'

चाहता हूँ बनना

मंज़िल मिलती है
'दृढ़ इच्छाशक्ति'
और
'अटूट संकल्प' से
लम्बी सुनसान
रात की गोद में
पलती है
नाजुक सुहानी सुबह
रात के डरावने
सन्नाटे के बाद
सुनाई देता है
सुबह का
मधुर संगीत
गहरे 'तम' से
जूझकर आता है
प्रातःकाल का
'गुलाबी उजाला'
गहन साधना
खोलती है
दिव्य-लोक के द्वार
दिखाती है
प्रकाश-पुंज,
भट्टी में तपकर
निखरता है कुन्दन

इसीलिए
चाहता हूँ
बनना मैं
एक
अटूट संकल्प
सुहानी सुबह
मधुर संगीत
गुलाबी उजाला
प्रकाश-पुंज
और
कुन्दन

प्यास

जल देख
प्यास जगी
दौड़ पड़ा
बिन सोचे
बिन परखे
जाने बिना
उसका स्वाद
गट-गट पी गया
पेट भरा
पर
नहीं मिट पायी
रूह की प्यास
'खारा पानी'
सागर का
तैर लो
क्रीड़ा कर लो
बस...
प्यास
नहीं बुझाता
चाहे
डूब जाओ
आकण्ठ
पर
जिसने भी पिया

दोगुनी बढ़ी
उसकी प्यास
जाने कौन सी
प्यास बुझाने को
भटकता रहा मन
नगर-नगर
डगर-डगर
खोजता
चातक बन
स्वाति की एक बूँद
पर ताउम्र
नहीं जान पाया
जीवन का यह 'सत्य'
'स्वाति की बूँद'
होती होगी
पर मिलती नहीं
अन्त तक
बची रहती है
सिर्फ
प्यास
अखंड प्यास

ख़्वाब

दिल और दिमाग़
दोनों की
कशमकश में
बीत रहा है जीवन
हर रोज बुनता हूँ
नये ख़्वाब
और फिर
लग जाता हूँ उन्हें
पूरा करने में
पर कोशिशें
कब हुईं कामयाब?
हुआ वही
जो नियति ने चाहा
आता है फिर
हवा का तेज झोंका
फूट जाता है
पानी के
बुलबुले की तरह
हर ख़्वाब
फिर
नया दिन
नयी कोशिशें
नये ख़्वाब
शायद
फिर
टूटने के लिए

तस्वीर

रात
फिर कोशिश की थी
ज़िन्दगी की तस्वीर में
इन्द्रधनुषी रंग भरने की
पर
लाख कोशिशों के बाद भी
नहीं हो पाई
तस्वीर पूरी
कभी रंग फैल गया
कभी
कैनवास छोटा पड़ गया
फिर उन
सतरंगी रंगों को
गिरफ्त में ले लिया
स्याह रंग ने
फैल गया
गहरा अँधेरा
चारों ओर
पसीने में तरबतर
घबड़ाकर
खुल गयी मेरी आँख
ऊपर
पूरी गति से
चल रहा था

छत पर पंखा,
पर उस से भी
तेज गति से
चल रही थी
मेरी अनियन्त्रित
बेचैन
उखड़ी-उखड़ी
साँस

कशमकश

रात के तीसरे पहर
जब गहराता है अँधेरा
पसरा होता है सन्नाटा
चारों ओर
मैं उठाता हूँ तुम्हें
हौले से
बिठा लेता हूँ अपने पास
निहारता हूँ अपलक
कहना चाहता हूँ
वह सब बातें
जो गहरे बैठी हैं
अचेतन मन में
जिन्हें कभी
कह नहीं पाया तुम्हें
दिन के उजाले में
तुम एकटक
निहारती हो मुझे
कभी आश्चर्य से
फैल जाती हैं
तुम्हारी आँखें
कभी
संजीदा हो
ताकती हो शून्य में
कभी डबडबाई आँखों से

सिसक पड़ती हो तुम
कभी खुशी से
भींच लेती हो मेरे हाथ
इसी कशमकश में
फिर खुल जाती है
मेरी आँख
और
सोचने लगता हूँ मैं
कि सच में
कभी कह पाऊँगा
'वो सब'
रात के अँधेरे में ही सही
सच बोलने की हिम्मत
क्या कर पाऊँगा कभी?

मैं कौन?

मैं कौन?
मुझसे ज्यादा
कौन जान सका है यह?
मैं पहचानता हूँ खुद को
इसीलिए परेशान हूँ
तुम सिर्फ जानते भर हो
पर पहचानते नहीं
इसीलिए खुश हो शायद
और मैं...?
इसी प्रश्न को खोजते
रात-रात भर करवटें
बदल-बदल कर
थक जाता हूँ जब
नींद से बोझिल हो
जैसे ही बन्द होती हैं
मेरी आँखें
झकझोर कर जगा
देता है कोई
सामने होता है
हूबहू मेरी शक्ल का
एक शख्स
बिठा लेता है सामने
मुलजिमों की तरह
फिर शुरू होता है

संगीन आरोपों का दौर
मैं अपराधी बन झेलता हूँ
तीखे सवालों के वार
गुस्सा, आक्रोश और तिरस्कार
झुका सिर
डबडबाई आँखें
होंठ बुदबुदाते हैं
पर आवाज़ नहीं निकलती है
हर रात सजा
सुनाई जाती है
जुर्म तो संगीन है
पर फाँसी नहीं दी जाती है
डाल दिया जाता है फिर
उम्र भर के लिए
अँधेरी काल-कोठरी में
घुट-घुट कर तड़पने के लिए
मैं पूरी-पूरी रात
चीखता रहता हूँ
"फाँसी पर लटका दो मुझे"
पर कोई नहीं सुनता है
दीवारों से टकराकर
लौट आती है मेरी आवाज़
यही दृश्य
दोहराया जाता है
हर रात

गोधूलि

अब तन चाहता है
पूर्ण विश्राम
मन
परम शान्ति और चैन
अब रूह भी माँगती हैं
अपना सुकून
तन को जितना सजाया
आत्मा उतनी मलिन होती गयी
ज़िन्दगी और...और
और कठिन होती गयी
हर ऊँची छलाँग गहरे दलदल
में धँसाती गयी
बेमानी खुशी के लिए
कभी खुद को हँसाया
कभी रुलाया
सम्पूर्णता की चाहत में
बँट कर रह गया
मेरा वजूद
पर जब तक समझ आता
जीवन जीने का सलीका
आ गयी 'गोधूलि की बेला'
और अब
अधूरे ख़्वाब
और

चाहतें समेटे
अधूरे रिश्तों का
कर्ज उठाये
समाज को
कुछ न दे पाने
की कसक लिए
तैयार हूँ
बस
अन्तिम
प्रस्थान ले लिए

बस यूँ ही

वो
जो दूर...
बहुत दूर
जहाँ
आसमान और ज़मीं
आलिंगनबद्ध हैं
वो
जगह है
जहाँ
सारे जहान की
खुशियाँ रहती हैं
वहाँ
पेड़ गुनगुनाते हैं
पंछी बतियाते हैं
शीतल पवन की
लोरियाँ हैं
बादल की मस्त
टोलियाँ हैं
चाँदनी रातें हैं
तारों की सजी
बारातें हैं
महके-महके उपवन हैं
संगीत सुनाते झरने हैं

और बलखाती नदियाँ हैं
लगातार
ताकता रहता हूँ
दूर से
उस जगह को,
फिर वहाँ पहुँचने के लिए
दौड़ता हूँ बेतहाशा
ऊँची पहाड़ी पर चढ़कर
देखता हूँ
मंज़िल की दूरी
गहरी साँस भर कर
फिर दौड़ पड़ता हूँ
तेज...
बहुत तेज
थक कर चूर हो जाता हूँ
पर वह
थोड़ी सी दूरी
तय नहीं कर पता हूँ
आसमान-धरती का
मिलन स्थल
और आगे खिसकता
चला जाता है
दौड़ता रहता हूँ
शामो-सहर
पर नहीं मिलता
मेरी खुशियों का शहर
आँख-मिचौली का यह खेल
न जाने कब से जारी है
बस...
तिल-तिल कर

घिस रहा है जीवन
खुशियों की चाहत में
रोज...
हर रोज...
“बस यूँ ही”

उस मोड़ पर

'उस मोड़ पर'
मेरा हाथ छोड़ कर
चली गयी थीं तुम
'उस रास्ते' पर
जब तुम्हें लगा था
वह ले जायेगा तुम्हें
स्वर्णिम दुनिय़ा में
जहाँ मेरे साथ चलकर
पहुँचना है नामुमकिन
मुझे याद है अब तक
तुमने कहा था
कई बार तब
जी सकते हो तो जी लो
ये ज़िन्दगी न मिलेगी बार-बार
'उस दुनिया' की
चमक-दमक
तुम्हें आकर्षित करती थी
हरपल
शायद मेरी सुस्त चाल
और मेरी गम्भीरता पर
भारी पड़ी थी
तुम्हारी सरपट दौड़ने की आदत
और चंचलता तब
आभास था मुझे

उस डगर पर
थोड़ी दूर चलकर
तुम्हें मिलेंगे दोराहे कई
जो होगा चमकीला
तुम चुन लोगी वही
और फिर आयेंगे
कई और दोराहे
तिराहे, और चौराहे भी
मुझे भरोसा है
तुम्हारी निर्णय क्षमता पर
रास्ता चुनने की
तुम्हारी कला पर
जानता हूँ
तुम चुनोगी वही
जो होंगे चमकीले
समेटे सारी दिशाओं के छोर
ले जाते हों जो तुम्हें
सुनहरे भविष्य की ओर
चमक-दमक वाली
ज़िन्दगी जीने के प्रति
तुम्हारी इस हद तक आसक्ति
अगर ले जाये तुम्हें
उस रास्ते पर
जिसकी चमक-दमक
चकाचौंध के बाद
आती हो घुप अँधेरी सुरंग
तुम महसूस करो
खुद को अकेला
और असहाय वहाँ
न सूझे कोई रास्ता
तब अँधेरे में
गौर से देखना

किसी कोने में
खड़ी मिलेगी तुम्हें
स्नेह बरसाती
एकटक निहारती
एक मासूम नाजुक सी
मेरी कविता
तुम थाम उसकी उँगली
चल पड़ना उसके साथ
वो ले आयेगी तुम्हें
उसी जगह–
जहाँ छोड़ा था तुमने
मेरा हाथ

अधूरे ख़्वाब

दिन भर की मायूसी
उदासी और बेचैनी को
तकिये के नीचे दबाकर
बुनता हूँ रंगीन ख़्वाब
हर रात
ख्वाब उन ख़्वाहिशों के
जो हैं अब तक अधूरी
उस मंज़िल के
जिसकी अब तक है
मुझसे बहुत दूरी
उस जीवन के
जिसमें न हो कोई
कशमकश और अभाव
फिर
उन ख़्वाबों के साथ
पूरी रात
आलिंगनबद्ध
जीता हूँ एक-एक पल
जिन्हें जी नहीं पाया
अब तक
सूर्य की पहली किरण के साथ
शुरू हो जाता है
उन्हें पूरा करने का प्रयास
दिन चढ़ने के साथ

चटक होते रंग
दोपहर तक
चटकने लगते हैं
शाम ढलते-ढलते
अपनी आभा खोकर
दिखने लगते हैं बदरंग
और फिर वही
थकान, मायूसी, उदासी
बेचैनी से शुरू होती है हर रात
पर नहीं दे पाती
ख़्वाबों को मात
पूरे होने की हसरत में
इन्द्रधनुषी रंगों से सजे
मेरे अधूरे ख़्वाव
बात बिन बात
दस्तक देते रहते हैं
...अचेतन मन में...
...हर रात

□□